IN THE FIRE OF TIME
EN EL FUEGO DEL TIEMPO

IN THE FIRE OF TIME
EN EL FUEGO DEL TIEMPO

by

María Ángeles Juárez Téllez

Bilingual edition

Translated from Spanish and edited

by

Arthur Gatti

and

Roberto Mendoza Ayala

Illustrated by
Midori Adelaida Valle Juárez

Cover by
Alonso Venegas Gómez

DARK
LIGHT
PUBLISHING
NEW YORK • MÉXICO

2016

First Printing: 2016

ISBN: 978-0-9982355-0-9

Designed and typeset in New York City by:

Darklight Publishing LLC
8 The Green Suite 5280
Dover, DE 19901

Contents

The day's eyes

No trains on the tracks

Sweet singing mockingbird

In the fire of time

Índice

Los ojos del día

Sin trenes por las vías

Cenzontle dulce canto

En el fuego del tiempo

Introduction

This work inaugurates a series of individual books of poetry in bilingual editions, written by Mexican and American authors, following the success of the anthology *From Neza York to New York*.

This series was conceived by a team of poets from Mexico and the United States based on their knowledge of poetry as a genre, as well as an interest in their own language in relation to the *other*.

We will include contemporary authors seeking readers that move through our geographic hemisphere in physical or virtual ways, and throughout our neighboring countries, where there is a broad exchange between the English and Spanish languages.

The giant distributors that were monopolizing the global trade of books, both in printed or digital form, and which initially hobbled the traditional smaller printers and publishers, have returned to "brick and mortar" bookstores.

What seems true these days is that both printed and digital books will coexist. There are increasing numbers of successful authors in any of these media who disseminate and/or sell their work either through digital downloads or in printed form.

New technologies allow editing and translating texts quickly, as well as enabling authors to personally intervene in the destiny of their work and in the royalties they generate. However, it is not advisable right now—given the elusive nature of poetry— to submit a poetic work to the automatic translator.

From the beginning we know that, given its characteristics, the finished product will be incomplete. Still, the human translator strives to deliver a version in whose echoes sound the poetic intention of the author. The translator will also know how to evaluate fortunate grammatical anomalies, or decide the best approach in another language when a verse or a poem challenges the translator to do so.

This volume is a product of discussions and readings among translators in an effort to preserve the magic of each word. For the author, it is a poet-to-poet work that longs to transcend mere literalism.

The advent of Artificial Intelligence will perhaps someday soon make dispensable the human translator's job; but for now, those of us who work in crafting this series have put all our enthusiasm into trying to replicate the music of this poetry, rendered in two languages, while preserving the deepest intentions of the writers.

Arthur Gatti
Roberto Mendoza Ayala

November 2016, New York City

Introducción

Con esta obra inauguramos la publicación de una serie de libros individuales de poesía de autores mexicanos y norteamericanos en edición bilingüe, proyectada a partir del éxito de la antología *De Neza York a Nueva York*.

Esta serie es el concepto de un binomio de poetas de México y los Estados Unidos basados en sus conocimientos de la poesía como género, así como en el interés por el idioma propio en relación con el del *otro*.

Incluiremos a autores contemporáneos que buscan llegar a lectores que se mueven por nuestro hemisferio geográfico de manera tanto física como virtual, en países que son vecinos, y donde existe un amplio intercambio entre los idiomas inglés y español.

Las gigantescas distribuidoras que acaparaban el comercio mundial de libros en formato impreso y digital, y que en un inicio hicieron tambalear a las tradicionales editoriales y librerías de impresos, han terminado por establecer ellas mismas librerías "de cemento y ladrillo".

Lo que ahora parece seguro es que tanto el libro impreso como el digital coexistirán. Hay cada vez más ejemplos de autores exitosos en cualquiera de los dos medios que son llevados a difundir su trabajo en el formato complementario, ya sea mediante descargas digitales o bien en un volumen impreso.

Las nuevas tecnologías de edición y traducción permiten realizar estos trabajos de manera rápida, así como también facilitan al autor intervenir personalmente en el destino de sus obras y en las regalías que éstas le generan. Sin embargo por ahora no es aconsejable —dada su naturaleza elusiva—, someter una obra poética al traductor automático.

Desde el inicio sabemos que el producto, dadas sus características, será imperfecto. Sin embargo, el traductor humano se esfuerza en entregar una versión en cuyos ecos resuene la intención poética del autor. Él también sabrá evaluar las anomalías gramaticales afortunadas, o decidir la mejor aproximación en otro idioma cuando un verso o poema sólo eso le permitan.

Este volumen es el producto de discusiones y lecturas en voz alta entre los traductores, en el afán de conservar la magia de cada palabra. Para su autor, es un trabajo de poetas a poeta que desea trascender la mera literalidad.

Quizás el advenimiento de la Inteligencia Artificial llegue a hacer prescindible algún día la intervención del traductor humano. Pero, por lo pronto, quienes elaboramos esta serie hemos puesto todo nuestro empeño y entusiasmo en replicar la música de la poesía en dos idiomas, intentando conservar al mismo tiempo las intuiciones profundas de cada escritor.

Arthur Gatti
Roberto Mendoza Ayala

Ciudad de Nueva York, noviembre de 2016

Prologue

María Ángeles Juárez Téllez is a daughter of the natural heart of México, where volcanoes and lava forged valleys of stone and ashes where the people of Michoacán have raised lavish orchards of citrus and avocados for generations.

Her childhood eyes were filled with burning sunsets, the blinding silver reflection of ancient lakes, and with hundreds of bright colors in flowers whose names she can still recall.

Her ears assimilated the sound of waterfalls, and have heard the Purépecha dialect in the market, as well as the sound of a Spanish language full of relics and unusual twists— preserved for centuries in the farms and hamlets scattered in the rugged mountains of her homeland.

Her natural attraction to poetry dates from that first and fortunate family environment, but her commitment to writing besides preserving the memory of her people, has contributed to preserve the work of the Mexican writer Juan de la Cabada, ever since her earlier and very fortunate encounters with him.

During more than thirty years of commitment, professionalism and dedication, the author has bequeathed to future generations a magnificent collection of poetry, essays and narrative work. Those who have had the privilege of reading the previous writings of María Ángeles Juárez, will realize immediately that in this book of poetry she has revisited all the passion and wisdom she accumulated in a life of aesthetic transcendence.

In the fire of time rescues from the entrails of her body and mind the flames that have tattooed her inside and out: the adult world of her childhood, the neverending concerns of love and heartbreak, the instinctive and sometimes futile attempt to grasp her daughter, a mockingbird with the voice of her mother, the gush of light of the Michoacán landscape, the metaphor of life that trains are, and a heretical view of the New Testament.

Hers is a full-bodied voice with a particular aesthetic that is born of her continuous study of language. This conveys beauty to each page, with the poet's pacing, a clock-like mechanism that makes each poem work.

Herein, we are unpretentiously made privy to her extensive readings and her assimilation of the work of great writers, such as López Velarde's national vision and the mourning luminosities of Villaurrutia; the mystique of the God-fearing John of the Cross; or the fervent poetry of Concha Urquiza.

In several of her poems, especially toward the end of the book, the author leads us through parables and biblical passages, testing our faith in the Scriptures, stripping or providing them with the sacred at will, impersonating herself in creative goddess form.

It is not that María Ángeles Juárez *plays* in her verses with some tainted practices of her Catholic religion—those aberrations that permeated her childhood and adolescence—but that by knowing the power of its ritual symbols and invocations, she is able to transmute men into flesh angels, or provide the name of the Prophet with an evil duality, drowning him with all of his demons in the Sea of Galilee.

María Ángeles Juárez drinks from these and from many more literary streams in a natural and fertile way. Her voice is clear, strong, beautiful and mature. She leaves in her wake many crackling traces—metaphors and verses of fire. They are evidence that shows us where we must look to find her.

Roberto Mendoza Ayala

Prólogo

María Ángeles Juárez Téllez es hija del corazón telúrico de México, donde los volcanes y la lava forjaron valles de piedra y ceniza sobre los cuales los habitantes de Michoacán han levantado por generaciones espléndidos huertos de cítricos y de aguacates.

Sus ojos infantiles se llenaron de atardeceres incendiados, del cegador reflejo platinado de lagos ancestrales, y de los cientos de colores vivos con nombres de flores que ella aún ahora es capaz de recordar.

Sus oídos asimilaron el canto de las cascadas y escucharon la lengua purépecha de las plazas, así como la sonoridad de un idioma español lleno de reliquias y giros poco frecuentes, preservados durante siglos en los ranchos y caseríos desperdigados en la abrupta serranía de su tierra natal.

Su vocación por la poesía data de ese primer y afortunado entorno familiar, pero su compromiso con la escritura además de conservar la memoria de *su gente,* ha contribuido a la preservación de la obra del escritor Juan de la Cabada a partir de sus venturosos encuentros con este personaje.

A lo largo de más de treinta años de empeño profesional y dedicación, la autora nos ha legado un magnífico conjunto de obra poética, ensayística y narrativa. Quienes hayan tenido el privilegio de leer el trabajo previo de María Ángeles Juárez, se darán cuenta de inmediato que en el presente libro ella ha volcado toda su pasión y sabiduría acumuladas en una lograda intención de trascendencia estética.

En el fuego del tiempo rescata de las entrañas del cuerpo y de la memoria la lumbre que ha tatuado por dentro y por fuera a la escritora: el mundo adulto de su infancia, la inquietud interminable del amor y el desamor, el instintivo y a veces fútil intento de asir a su hija, el cenzontle en la voz de su madre, el borbotón de luz del paisaje michoacano, la metáfora de la vida que son los trenes, y una visión erótica y herética del Nuevo Testamento.

Es la suya una voz de cuerpo entero con la estética particular que le da el estudio continuo del lenguaje. Imbuye de belleza cada página, y construye con paciencia el mecanismo de relojería que hace funcionar cada poema.

Ella hace evidente sin falsos alardes sus abundantes lecturas y la asimilación de la obra de grandes escritores: la visión nacional de López Velarde y la luminosidad luctuosa de Villaurrutia; la mística del infierno tan temido por San Juan de la Cruz, o la poética fervorosa de Concha Urquiza.

En varios de sus poemas, sobre todo hacia la parte final del libro, la autora nos hace pasar a través de parábolas y referencias bíblicas, poniendo a prueba nuestra fe en las Escrituras, despojándolas o dotándolas de lo sagrado a voluntad, y erigiéndose ella misma como diosa creadora.

Y no es que María Ángeles Juárez *juegue* en sus versos con la religiosidad católica persignada que impregnó su infancia y su adolescencia, sino que precisamente por conocer la potencia de los símbolos rituales y de las *lecturas*, es capaz de transmutar a los hombres en ángeles carnales, o en dotar de dualidad maligna al nombre del Profeta para sumergirlo con todo y sus demonios en el mar de Galilea.

María Ángeles Juárez abreva de todo ello —y de muchas fuentes literarias más— con naturalidad y provecho. Su voz poética es clara, fuerte, bella y madura, dejando por el camino un rastro crepitante de epígrafes, metáforas y versos de lumbre. Evidencias que nos señalan a dónde debemos mirar para encontrarla.

Roberto Mendoza Ayala

IN THE FIRE OF TIME
EN EL FUEGO DEL TIEMPO

My beloved:
You know we hid our names in
"Sighs of April. Silences of water…"
And in this century we find each other
at the praise of our bodies.

Mar

Amante:
Usted sabe que escondimos nuestros nombres en
"Suspiros de abril. Silencios de agua…"
Y en este siglo nos encontramos
en el *hosanna* de nuestros cuerpos.

Mar

ABOUT LOVERS

DE LOS AMANTES

ABOUT LOVERS

(Hypothalamus)

By thy will, I'm a perfect lover:

in a spiral, your emotions

rave inside the body,

without singing about the rupture

between fable and finding.

Outside the *nautilium* sea,

upon saying amen,

they return to the delightful joy

of mine,

undoubtedly for you.

DE LOS AMANTES

(Hipotálamo)

A vos deseos, amante soy perfecta:

en espiral tus emociones

desvarían cuerpo adentro,

sin cantar ruptura

entre fábula y acierto.

Fuera del mar *nautilium*

en decir amén,

regresan al goce deleitable

en mi haber,

sin duda para ti.

AFTERNOON SNACK

Why not come home in

late afternoon

and moisten my belly with your tongue

until you get pinned

to the regions of my body

and I drink your cum for a snack?

LA MERIENDA

¿Por qué no llegas a casa

pasada la media tarde

y mojas mi vientre con tu lengua

hasta quedar prendido

a las regiones de mi cuerpo

y beba tu semen en la merienda?

BOTH OF US

The rain, true

to the deviltries of my daughter,

hits the window,

without shaking this stubborn longing

to know where it comes from

or why.

Perhaps we lacked knowledge of each other, you said.

And love, looking for settlement

between the final lines of millennium,

walked to meet us.

We both understood.

LOS DOS

La lluvia fiel

a las travesuras de mi hija,

golpea la ventana,

sin sacudir esta terca nostalgia

que no sé de dónde viene

ni por qué.

Tal vez faltaba conocernos, dijiste.

Y el amor, buscando acomodo

entrelíneas finales del milenio

caminó a nuestro encuentro.

Lo entendimos los dos.

LEVITATION

Last night a baron

was enraptured in my bedroom

tangled a sigh;

the light of a lamp

diluted the transmuting violet

on my bed's fluffy duvet;

and his body on mine,

shivering and burning, was appetites fulfilled.

LEVITACIÓN

Anoche un barón

fascinado en mi alcoba

enredó un suspiro

diluyendo al transmutante violeta

de la luz de una lámpara

en el mullido edredón de mi cama;

y su cuerpo en el mío,

tiritando y ardiendo, fue apetitos consumados.

IN MY HOUSE

It's been a while

since there wasn't a colloquium of yesterdays

in my house;

the doll among a hundred toys,

with schoolgirl clothes

and open eyes,

preserves in her freckles

a century's agony.

A bottle of whiskey, empty of dreams,

rolls to its former place.

The mirrors surrender

the countdown of lovers

that will never come back.

EN MI CASA

Hace tiempo

no había en mi casa

un coloquio de ayeres;

la muñeca entre cien juguetes,

con ropajes de colegiala,

y ojos abiertos

guarda en sus pecas

la agonía de un siglo.

Un whisky vacío de sueños

rueda a su antiguo lugar.

Los espejos pierden

la cuenta regresiva de amantes

que no volverán.

AN AUTUMNAL SECOND

My lover:

at the foot of the hill

there is a barn.

On the west wall

the sun dilutes

with amber spots

distant seconds of its day.

UN SEGUNDO OTOÑAL

Amante mío:

en la falda de la loma

hay una troje.

Con lunares de ámbar

en la pared que da al poniente

el sol diluye

lejanos segundos de su día.

ON AUTUMNS, TODAY

I will fill the infinite handwriting

with your name.

From today,

the spiral of my writing

will cease to be the fluttering of butterflies in my belly.

Autumn is not brittle and cold as we saw it,

thwarted in its pure light,

shaking the edge of a thousand scissors of dried gold

while cutting the vibrant poplar shadows.

Indifferent,

it hit our vulnerable senses

on the roof of our house.

To its stubborn calling, you hid yourself

in full body

inside its gilded rooms.

DE OTOÑOS, HOY

Llenaré el infinito de letra manuscrita

con tu nombre,

la espiración de mi grafía

desde hoy

dejará de ser aleteos de mariposas en mi vientre.

El otoño no es frágil ni frío como lo veíamos

contrariado en su luz pura,

sacudiendo al recortar vibrantes sombras de álamos

el filo de mil tijeras de oro seco.

Indiferente

golpeaba nuestros sentidos vulnerables

sobre el techo de nuestra casa.

A su terco llamado te guardaste

de cuerpo entero

en sus habitaciones doradas.

Before my eyes are repeated

those dizzying mornings for you,

my beloved:

in their daily routine,

they drink arches of sun at the kiosk.

Reiterantes a mis ojos

aquellas mañanas para ti vertiginosas,

amado mío:

en su rutina diaria,

beben arcos de sol en el kiosco.

BEHOLD THE TREE OF LOVERS

At the time when the setting sun

pours black blood through the pines,

it hides the afternoon cry

in the golden lethargy of its twilight.

The wind waves the pulse of a storm

among your branches

in high dawn;

the intimate solitude of water

overtakes the night of the lovers,

it substantiates lovemaking words

in their bodies,

and reaches the time nested in your frond.

And,

I'll tell you from the window of my house:

behold, the tree;

HE AQUÍ EL ÁRBOL DE LOS AMANTES

A la hora en que el sol del poniente

vierte sangre negra entre los pinos,

esconde el grito de la tarde

en el letargo dorado de su ocaso.

El viento agita entre tus ramas

el pulso de una tormenta

en alta madrugada;

la soledad íntima del agua

traspasa la noche de los amantes,

sustancia las palabras amatorias

en sus cuerpos,

y alcanza al tiempo que anida en tu fronda.

Y,

te diré desde la ventana de mi casa:

he aquí, el árbol;

its leaves unleash reverberations

of a newer November morning

when he drank the root, the sap of my womb.

After the celebration of love,

his graceful voice flowed in my veins.

There's a wine in my cellar,

old, aged in an oak barrel;

it suits us as a perpetual toast

to celebrate our joinings,

before we are baptized by the darkness

stalled under the mud of trees.

Before that on our last day

we are heirs

to the silence of wood silks

and scraps of dreams

resting under its shadow

on carpets of crimson petals,

with which we scent

amorousness on the soil.

desatan sus hojas reverberaciones

de una *novísima* mañana de noviembre

en la que bebió su raíz, mi savia intrauterina.

Luego a la celebración del amor,

fluyó en mis venas su grácil voz.

Hay un vino en mi cava,

de crianza añeja en barrica de roble;

conviene con un brindis perpetuo, celebrar

nuestros encuentros,

antes que nos bautice la oscuridad

estancada bajo el limo de los árboles.

Antes de que en nuestro último día

seamos herederos

del silencio de las sedas de madera

y retazos de sueños

a su sombra descansados

sobre alfombras de pétalos carmín,

con los que aromamos

enamoramientos en la tierra.

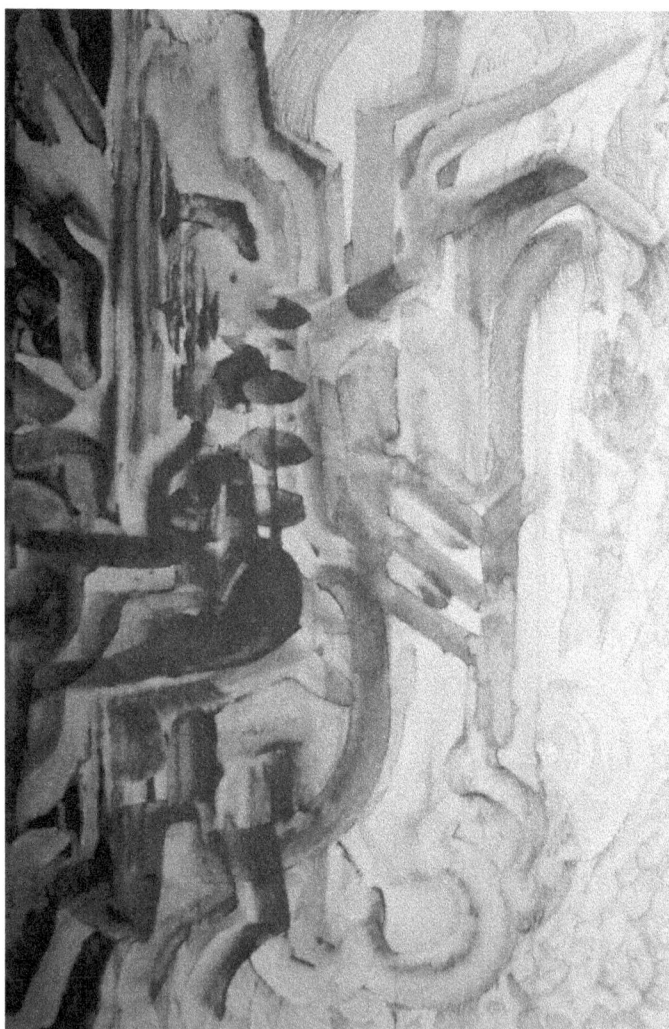

SIGHS OF APRIL. SILENCES OF WATER

SUSPIROS DE ABRIL. SILENCIOS DE AGUA

YOUR NAME

Sighs of April.

Silences of water.

Thirst of my lips

in slow sips.

The day is not enough

to hide the distance

in the cold dawns of my skin.

TU NOMBRE

Suspiros de abril.

Silencios de agua.

Sed de mis labios

en sorbos lentos.

No me alcanza el día

para esconder la distancia

en las frías madrugadas de mi piel.

APRIL

Sunrise

myrtles

curdle

April crystals.

ABRIL

Amanece

cuajan

los mirtos

cristales de abril.

APRIL MOURNING

To Javier Sicilia

Requiem for a voice,

April mourning that I settle in myrtles

flourishing at the edge of the yards.

Boy of early dreams,

in our life we can only

look for your eyes

in the threadbare mist of the evening,

conjugated in words,

at hearing in the Cathedral

the daily and virginal chiming,

not knowing which name

goes through the streets of the sun

seeding the ignominy

in the wasteland of fears.

DUELO DE ABRIL

A Javier Sicilia

Requiem por una voz,

duelo de abril que cuajo en los mirtos

florecientes a la orilla de los solares.

Varón de tempranos sueños,

en la vida sólo nos queda

buscar tus ojos

en la niebla raída de la tarde,

conjugados en palabras,

al oír en la catedral

las campanadas vírgenes a diario,

sin saber qué nombre

va por las calles del sol

sembrando la ignominia

en las estepas de los miedos.

WITH NO EVERLASTING LOVES

I walk

at the edge of the old road,

slowly,

among the green scent of eucalyptus

I find Aprils hidden long ago

under my teenage skin

where everlasting loves didn't fit.

Lake Pátzcuaro agonizes

at every sunset.

SIN AMORES ETERNOS

Camino

a orla de la vieja calzada,

a paso lento,

entre el aroma verde de eucalipto

encuentro abriles, que ha tiempo,

se ocultaron en mi piel de adolescente

donde no cabían amores eternos.

                Agoniza el lago de Pátzcuaro

                      en cada puesta de sol.

THE INTERMITTENT LIGHT OF SUMMER

In handwriting of violet ink

she gathered the intermittent light of summer.

From north to south

the train used to leave

love letters

that flew

from her sandpiper eyes

to the bottom of a trunk

in the attic.

April that tans the cornfields

set fire to the wood,

and María Sahara

keeps in her skin

the subtle fragrances of yesterdays.

LA LUZ INTERMITENTE DEL VERANO

En letra palmer violeta

recogía la luz intermitente del verano.

De norte a sur

el tren solía dejarle

misivas amorosas

que volaban

de sus ojos alcaraván

al fondo de un baúl

en el tapanco.

Abril que tuesta los maizales

incendió la madera,

y María Sahara,

guarda de los ayeres en su piel

una sutil fragancia.

MANUEL AND HIS DIARY

MANUEL Y SU DIARIO

WITHOUT MANUEL

Sadness is a river

of dead birds

swept by the wind.

That scene

is revealed to me by Gaston Bachelard

at darkest dawn

to the liquid *flamme d'une chandelle*,

and in subtle flickerings,

from March 26th

it lights up

the cradle of my daughter.

SIN MANUEL

La tristeza es un río

de aves muertas

barridas por el viento.

Escena

que Gastón Bachelard me revela

en alta madrugada

a la líquida *flamme d'une chandelle*,

y en parpadeos sutiles,

desde el 26 de marzo

alumbra

la cuna de mi hija.

MANUEL AND HIS DIARY

(Under the Sign of Virgo)

> *When the Sun enters Virgo,*
> *the harvest is already secure,*
> *and the fruits of the earth ripen.*

Aleister Crowley

You reside under the Sign of Virgo,

my beloved:

God's grace lights up the constellation;

the last moments of summer ripened the fruits

that flavored our lips.

You and me, without distracting the trail of the deadly days,

are still rambling

on the "glories of that, our old summer"

surrendered in bright nostalgia,

while the torrential sun believed in Scorpio;

he cracked his warm and gray autumn breath

on the dry leaves,

bringing the year's death close upon the sidewalks

of the streets in this city-madness open to life

and to the dreams where we are yet.

MANUEL Y SU DIARIO

(Bajo el signo de Virgo)

Cuando el Sol entra en Virgo,
la cosecha está ya segura
y los frutos de la tierra, maduros.

Aleister Crowley

Resides bajo el signo de Virgo,

amado mío:

la gracia de Dios alumbra la constelación;

el estío a su último paso maduró los frutos

que tuvieron sabor en nuestros labios.

Tú y yo sin distraer el rastro de los mortales días,

seguimos divagando

en las "glorias de aquel nuestro viejo verano"

rendido en luminosa nostalgia,

mientras el sol torrencial creyó en Escorpio;

resquebrajó su aliento cálido y gris del otoño

en la hojarasca,

avecinando la muerte del año sobre las aceras

de las calles en esta ciudad-locura abierta a la vida

y a los sueños donde nos encontramos todavía.

Here I am Manuel,

with your name in my ears, echo relic of your steps.

I know about the abyss where

our unfinished trysts live on.

Your lovers do not celebrate your birthday,

they forgot August's horoscopes

swallowed by the imperceptible lines

in the palms of your hands.

But what do you do with my memories in tow

where the wind swallows your voice of ancient lineage?

In the immateriality of my visions,

my beloved,

with placid time

your fingers of vertical astonishment

caress the vaporous image of my vestments.

The elusive burgundy of your hair

scratches the wet vision of my eyes,

to the quiet prayer, of quiet words

that softens the sound of your name, Manuel, every time less,

in my life.

Aquí estoy Manuel,

con tu nombre en mis oídos eco-reliquia de tus pasos.

Sé del abismo donde sobreviven

nuestras citas de amor no concluidas.

Tus amantes no festejan tu cumpleaños,

olvidaron los horóscopos de agosto

tragados por las líneas imperceptibles

en las palmas de tus manos.

¿Pero qué haces con mi recuerdo a cuestas

donde el viento se traga tu voz de antigua estirpe?

En la inmaterialidad de mis visiones

amado mío,

con el tiempo plácido

tus dedos de vertical asombro,

acarician la imagen vaporosa de mis vestidos.

El inasible borgoña de tu pelo

rasguña la húmeda visión de mis ojos,

al ruego quieto, de quietas palabras

aquieta cada vez menos tu nombre,

Manuel, en mi vida.

TWO LITTLE CANES

To Manuel:
Two little canes drink in a river.
One is hollow, the other sugarcane.

Mevlana Mohamed Jalaluddin Rumi

It was March

of golden grass, his thirst.

The afternoon had drowned his sun in a little hollow cane,

and I had two little canes crossed,

they fitted in my tiny brown hands;

(bronze-girl of high mountains and dark green)

I made a little windmill

propelled by the singing stream of the creek

flapping in its voices

four huge horizons:

A small sugarcane

to sweeten our love, Manuel.

A small cornstalk

with wild honeydew to love you, Manuel.

DOS CAÑITAS

A Manuel:
Dos cañitas beben en un río.
Una es hueca, la otra caña de azúcar.

Mevlana Mohamed Jalaluddin Rumi

Era marzo

de hierbas doradas, su sed.

La tarde ahogaba su sol en una cañita hueca,

y yo con dos cañitas cruzadas

que cabían entre mis manos diminutas y morenas;

(niña bronce de sierra alta y verde oscuro)

hice un molinito de viento

que al moverlo la corriente cantarina de la acequia

a vuelo batía en sus voces

cuatro grandes horizontes:

Una cañita de azúcar

para endulzar nuestros amores, Manuel.

Una cañita de milpa

con mielecillas silvestres para amarte, Manuel.

A small cane of water for your thirst, Manuel.

A small cane of rain

to draw you to my yards, Manuel.

I sang the thirst of March,

songs of centuries ago

my young mother sang:

Two little canes drink in a river.

One is hollow, the other sugarcane.

And your eyes of deep night

peeking scary and black

along the edge of the hills,

August moons were coming,

absences between my hours, Manuel.

(Grief and sorrow by your hands;

elusive white seagulls,

a refined sugar-fear

tracing shadows on your skin).

And as the years pass, I will have:

Una cañita de agua para tu sed, Manuel.

Una cañita de lluvia

para llamarte a mis solares, Manuel.

Entonaba la sed de marzo,

cantares de siglos antes

cantaba mi joven madre:

Dos cañitas beben en un río.

Una es hueca, la otra, caña de azúcar.

Y tus ojos de noche intensa

se asomaban asustadizos y negros

por el filo de los montes,

se avecinaban lunas de agosto,

ausencias entre mis horas, Manuel.

(Luto y llanto por tus manos;

blancas gaviotas huidizas,

un refinado azúcar miedo

traza sombras en tu piel).

Y cuando pasen los años, tendré:

A small cane of water for your thirst of yesterday.

A small cornstalk for your dreams.

A small cane of rain to mourn you, Manuel.

Una cañita de agua para tu sed de ayer.

Una cañita de milpa para tus sueños.

Una cañita de lluvia para llorarte, Manuel.

MANUEL AND I

Manuel:

gather our voices with your water fingers,

liquid presences

at the wellsprings of Yunuén Island.

Touch me with your silver-brass breath

which flows at two in the afternoon,

on the crests of the fresh waters of Zirahuén,

where it grows your name

Mirror of the gods,

Manuel.

In the land of fishermen,

I anchored my rustic canoe, butterfly of rain,

to the docks

blackened by the purple luminosity

that strikes the sunset in circles.

And my aquamarine wings

were stained by your unholy nature,

MANUEL Y YO

Manuel:

con tus dedos de agua recoge nuestras voces,

presencias líquidas

en los veneros de la isla Yunuén.

Acaríciame, con tu aliento de azófar plateado

que fluye a las dos de la tarde,

en las crestas de las aguas dulces de Zirahuén,

donde crece tu nombre

Espejo de los dioses,

Manuel.

En tierra de pescadores,

anclé mi canoa rústica-mariposa de lluvia,

a los muelles ennegrecidos

por el luminoso púrpura

que en círculos golpea al poniente.

Y mis alas *aquamarina*

se tiñeron de tu naturaleza impía,

71

by your absence without shores,

which without setting course,

they still sail to the transparent breath

and the cold probings on the skin of Lake Pátzcuaro.

When the sun leaves on the shore

the final seconds of its spherical daily trek,

the abandoned blue house

evokes the deep wail of the swans

in the dying pond of its courtyards,

and the herons, like two pinkish spears,

stretch the dreams of the day by the wind,

flying over somber roofs

in afternoons of showers,

below long silences

they drain our silhouettes from the roof,

— old lovers fornicating

in perpetual and elusive raptures on those waves —

and my hours today orphaned from you,

Manuel,

de tu ausencia sin orillas

que sin oponer rumbo

todavía navegan al hálito transparente

y palpaciones frías en la piel del lago patzcuarense.

Cuando el sol deja en la ribera

los últimos segundos de su esférica y diaria caminata,

la casa azul abandonada

evoca el hondo lamento de los cisnes

en el agonizante estanque de sus patios,

y las garzas a dos lanzas rosáceas, al viento

estiran los sueños del día,

sobrevolando los techumbres sombríos

en las tardes de lloviznas,

bajo largos silencios

escurren del tejamanil nuestras siluetas,

— antiguos amantes fornicando

en éxtasis perpetuos e inasibles en aquellas olas —

y mis horas hoy huérfanas de ti,

Manuel,

they stayed with me,

not knowing what to do

to integrate them to its tangible form

and rescue them from the death,

from the everyday things

that eventually

will transfigure our image.

They will only stay

in the mind of a boy,

that ignites the hasty belly of a virgin

in the seduction of our disembodied waters

with no lethal memory of what we were once.

se quedaron conmigo,

sin saber qué hacer

para integrarlas a su forma tangible

y rescatarlas de la muerte,

de las cosas cotidianas

que con el tiempo

irán transfigurando nuestra imagen.

Sólo quedarán

en la mente de algún muchacho,

que inflame el vientre arrebatado de una virgen

en la seducción de nuestras aguas incorpóreas,

sin la letal memoria que un día fuimos.

THE DAY'S EYES

LOS OJOS DEL DÍA

IN MEMORIAM

In the twilight of my living room

an offering *in memoriam*

delivers languid lights

to all the souls departed.

Dreams in purple crepe

flashing in the flame of a candle.

In November,

we grieve the loved ones gone

coated in mist shrouds.

Outside,

the scent of marigold is flying, warm,

in the day's eyes.

IN MEMORIAM

En la penumbra de mi estancia

una ofrenda *in memoriam*

rinde luces lánguidas

a los Fieles Difuntos.

Sueños en crepé morado

parpadean en la llama de una veladora.

En noviembre,

nos duelen los amores que se van

revestidos con sudarios de neblina.

Afuera,

el aroma del cempasúchil vuela, tibio,

en los ojos del día.

ON BUTTERFLY WINGS

On wings of yellow butterflies

        the metallic eyes of day

                fall to the empty sidewalk.

EN ALAS DE MARIPOSAS

En alas de mariposas amarillas

          los ojos metálicos del día

              se desploman a la acera vacía.

MERCADELAS

The sun has painted on the Mercadela flowers

                the golden eyes of creation.

MERCADELAS

El sol pintó en las flores-Mercadelas

        los ojos dorados de la creación.

NOVEMBER SUNFLOWERS

Every November, on my birthday,

    your embrace

        takes from my eyes

            the purple-pink of sunflowers,

                the prairies, the plains and the wind…

                    of Michoacán.

MIRASOLES DE NOVIEMBRE

Cada noviembre, en mi cumpleaños,

    tu abrazo

        desprende de mis ojos

            el morado-rosa de los mirasoles,

                las praderas, los llanos y el viento…

                    de Michoacán.

SAVAGE WATER BRIGHTNESS

"Palomo,"

eyes with savage water brightness,

drank in a sip

those days

when his untamed lineage

slowed the trotting of mares

in the grassland.

His last neighing chased

the quick eternity of memory.

The afternoon continued

with its light,

in the wet scarlet

of wild roses.

LUZ DE AGUA SALVAJE

"El Palomo",

ojos luz de agua salvaje,

de un sorbo bebió

aquellos días

en que su linaje brioso

frenaba el trote de alazanas

en el potrero.

El último relincho persiguió

la breve eternidad de su memoria.

Siguió la tarde

con su luz,

en el húmedo grana

de rosales silvestres.

SAHARA

The century dripped its first look

between the tracks,

the dusty dream of a van

of the United Fruit Company

wrote your name, Sahara.

The locomotive of just one eye

looking for what to fetch and carry,

at the end of one hundred years,

between two long rails

went on its way towards amnesia.

SAHARA

Goteó el siglo su primera mirada

entre las vías,

el sueño polvoriento de un furgón

de la United Fruit Company

escribió tu nombre, Sahara.

La locomotora de un solo ojo

buscando qué traer y llevar,

al final de cien años,

entre dos largos rieles

siguió su camino hacia la amnesia.

MIDORI

To Midori Adelaida, my daughter.

Evanescent voice of jacaranda

in the early rain,

as she crosses the avenue,

hides among the roses in the hat,

purple songs

stolen from the dusty

sunsets of February.

MIDORI

A Midori Adelaida, mi hija.

Voz de jacaranda evanescente

en la temprana lluvia,

mientras cruza la avenida,

entre las rosas del sombrero esconde

cárdenas canciones

que robó a los ocasos

polvorientos de febrero.

TAMAR

*Tamar, erase my eyes
with your fixed dawn.*

Federico García Lorca

The day dies in the acorns

kneaded

at the plateau's harsh sun.

Tamar:

woman of dry oak

and fire in the entrails,

go back to oblivion,

lighting the eyes of Amnon

to preserve his species.

THAMAR

*Thamar, bórrame los ojos
con tu fija madrugada.*

Federico García Lorca

El día muere en las bellotas

amasadas

al rudo sol del altiplano.

Thamar:

mujer de encina seca

y fuego en las entrañas,

regresa al olvido,

alumbrando los ojos de Amnón

hasta preservar su especie.

ONE-DAY RITUAL

Simply the makeup

                    changes the face of routine.

RITUAL DE UN DÍA

Sencillamente el maquillaje

cambia el rostro de la rutina.

COATEPEC

Town of warm sun

that dozes intermittently during the day.

Its name slips

from an apocryphal Gospel;

celestial snake

with no end of times in the doorways.

Elusive coffee taste,

it meanders daily, setting

in the come and go

of cobbled streets.

Visibly

it relapses in ancient mist

the longing of lovers,

behind squares

offered to silence;

the blue clay of flowerpots

with green ferns and the purple water of lilies

COATEPEC

Pueblo de tibio sol

dormita intermitencia diaria.

De apócrifo evangelio

deslízase su nombre;

víbora celeste

sin conclusión de tiempo en los zaguanes.

Inasible sabor a café,

serpentea cotidiano acomodo

en el ir y venir

de calles empedradas.

A ojos abiertos

reincide en antigua niebla

la añoranza de los amantes,

tras plazuelas

ofrecidas al silencio;

el barro azul de macetones

de helechos verdes y el agua morada de los lirios

transform from Scriptures

the sterile sea of Joachim and Anne

into the name of Mary Immaculate,

eugenics of this timely

era of amatory reveries.

And willing maidens release

to the loving the rambling geographies of their breasts.

Its night

of rain and lattices

sounds like humid blues.

Meanwhile,

round lanterns

trace the skin of amber moons.

In young dawn

we enter our room

sheltered

by a dull gray rain

of amorous encounters.

transforman de Sagradas Escrituras

el mar estéril de Joaquín y Ana

al inmaculado nombre de María,

eugenesia de esta era

puntual de ensueños amatorios.

Y complacientes doncellas, al amoroso,

liberan las divagantes geografías de sus pechos.

Su noche

de lluvia y celosías

suena a blues húmedo.

A la par,

redondos faroles

trazan la piel de lunas ámbar.

En madrugada joven

entramos a nuestra habitación;

nos cobija

un plumbago llover

de encuentros amorosos.

PERMANENCE OF DREAMS

Mexico City,

permanence of dreams

kneaded by dint of adobe and stone.

Stories of underwater lordships.

Legends that sun spells out unwillingly,

no forgetting the names of devastated streets

today, Thursday the 19th.

And on the cobblestones September prays

rainy prayers.

PERMANENCIA DE SUEÑOS

Ciudad de México,

permanencia de sueños

amasados a golpe de adobe y piedra.

Historias de señoríos bajo el agua.

Leyendas que el sol deletrea con desánimo,

sin olvidar los nombres de calles devastadas

hoy jueves 19.

Y en los adoquines septiembre reza

oraciones lluviosas.

LANDSCAPES

I

Fog:

—torn water's breath, conceived light—

trails its cloak at ground level.

The white silence of hours

(repeated memory of dust)

in its attempt to achieve life

drinks the smell of spilled milk

from some stove

in the village landscape.

Fog:

water coldness;

my girl soul is given up to your dawn

and I pray

I'll never be sick of you,

SOLARES

I

Niebla:
—aliento de agua rasgada, concebida luz—,
tiende su manto a ras del suelo.

El blanco silencio de las horas,
(repetida memoria del polvo)
en su intento de lograr la vida,
bebe el olor de la leche
derramada de alguna hornilla
entre el caserío de los solares.

Niebla:
frío de agua;
mi alma niña se abandona a tu albor
y pido a Dios
nunca me sacie de ti,

of your station known

at the touch of condensed cloud,

song of secrets

in the cedars' trunks

—transfigured voices

that come from bereaved absences

pointing out the here and now—

where the biography of my dreams

took corporeal form,

and my skin was a silent answer

to your everyday silence.

de tu estación reconocida

en el tacto de cerrada nube,

canto de secretos

en el tronco de los cedros,

—transfiguración de voces

que vienen de dolidas ausencias

señalando el aquí y el ahora—

donde tomó forma corpórea

la biografía de mis sueños,

y fue mi piel una respuesta muda

a tu silencio diario.

LANDSCAPES

II

The fog wanes;

its surrender in full grace

falls to the bosom of earth,

where it has given rest to the dead

into ever imagined landscapes,

they sleep deep funereal prayers of peace

—solitudes of yesterday, today and forever—.

Time in these hillocks

is not a standard of possibilities;

the day in solar rings of gilded eyes

ends in a tawny afternoon,

a feral afternoon, of faded gold loin,

that scribbles with no hurry

the highest order of human destiny.

SOLARES

II

Declina la niebla;

su aquiescencia en estado de gracia

cae hasta el seno de la tierra,

donde fueles dado el descanso a los muertos

en solares que nunca imaginamos,

duermen hondos responsos de paz

—soledades de ayer, de hoy, de siempre—.

El tiempo en estos altozanos

no es un rasero de posibilidades;

el día en anillos solares de áureas pupilas

termina en tarde leonada,

tarde animal, lomo de oros deslavados,

sin prisa garabatea

el orden supremo de los humanos destinos.

NO TRAINS ON THE TRACKS

SIN TRENES POR LAS VÍAS

To my dear friend Roberto Mendoza Ayala:
celebrating poetry meetings that inhabit
in the fire of time, and with no doubt rest in
"No trains on the tracks."

María Ángeles Juárez Téllez

Para mi querido amigo el poeta Roberto Mendoza Ayala:
celebrando encuentros poéticos que habitan
en el fuego del tiempo, y sin duda remansan en
"Sin trenes por las vías".

María Ángeles Juárez Téllez

NO TRAINS ON THE TRACKS

*In measuring the coming kilometers and miles
(I extend my arms like two long rails,
so that you come back to me before you leave,
by the black roads where the days die.)*

Esperanza Zambrano

I

Who would have thought

that, on this long avenue

that lost its memory

at the edge of town,

on a Tuesday of sparse rain,

I would walk alone,

dragging sadness

between the tracks, when my beloved ones

were gone

beyond the docks,

and the last convoy

churned farewells

in the shady Augusts

of Lake Pátzcuaro?

SIN TRENES POR LAS VÍAS

Midiendo los kilómetros y las millas que llegan;
(yo tiendo los brazos como dos largas vías,
para que a mí regreses antes de haber marchado,
por los caminos negros en que mueren los días).

Esperanza Zambrano

I

Quién iba a pensar,

por esta larga avenida

que extravió su memoria

a la salida del pueblo,

un martes de lluvia rala,

caminaría sola,

arrastrando tristeza

entre las vías, cuando los míos

se fueron

más allá de los muelles,

y el último convoy

batió adioses

en agostos turbios

del lago de Pátzcuaro.

II

Rolling a long whistle

toward infinity,

the "Nocturnal" left

seething summers on the rails.

Pátzcuaro Station

begins its supreme night,

the scent of freshly rained cedar

blends on the platform.

On the roadway is heard:

Cumbia de que te vas de rondaaaaa…

The whistle of the lover provokes

a fright to the silence.

From the plurality of shadows

an owl stays uselessly awake

of the "slow calligraphies"

on the blackboard

that shows the waiting list for the "Fastest."

II

Rodar de un silbido

largo al infinito,

el "Nocturno", sobre rieles

dejó álgidos veranos.

La estación de Pátzcuaro

comienza su noche suprema,

entrevera en el andén

esencia a cedro recién llovido.

En la calzada se oye:

Cumbia de que te vas de rondaaaaa…

El silbido del enamorado provoca

un sobresalto al silencio.

Desde la pluralidad de sombras

un búho desvela inútil

en la pizarra

"lentas caligrafías"

que anuncian la espera de los "Rápidos".

III

The amaranth collects

her pink look,

legend,

fleeting hubbub on the platform

at the time of the "Mixed".

It's read again and again

DO NOT CUT GARDEN FLOWERS.

No trains on the tracks.

III

El amaranto recoge

su mirada rosa,

leyenda,

algarabía pasajera en el andén

a la hora de los "Mixtos".

Se lee una y otra vez

NO CORTE FLORES DEL JARDÍN.

Sin trenes por las vías.

SWEET SINGING MOCKINGBIRD

CENZONTLE DULCE CANTO

In memoriam:
To the sweet and loved
María Sahara Téllez Soto, my mother.
For her mockingbird singing
at the orphanhood of night.

María Ángeles Juárez Téllez

In memoriam:
A la dulce y amada
María Sahara Téllez Soto, mi madre.
Por su canto de cenzontle
en la orfandad de la noche.

María Ángeles Juárez Téllez

(1)

Mockingbird, I hear

your sweet song

orphaned by the night.

(1)

Cenzontle, oigo

tu canto dulce

orfandad de la noche.

(2)

Your name grows

a pious sunset.

Golden flame.

(2)

Tu nombre crece

atardecer piadoso.

Llama dorada.

(3)

Dawn of water.

March sapphire crystal

slow sea hour.

(3)

Alborada agua.

Marzo cristal de zafir

lenta hora de mar.

(4)

Red dragon fruit

blood of sunrises.

Wounded June.

(4)

Roja pitahaya

sangre de amaneceres.

Herido junio.

(5)

Dull gray silk

or indigo night sea

your eyes watching me.

(5)

Seda plumbago

o noche de mar añil

tus ojos me ven.

(6)

Crescent moon,

faint resurrection

of celestial waves.

(6)

Luna creciente,

vaga resurrección

de olas celestes.

(7)

Moon of plain,

Venus white sheet.

Almost sleepless.

(7)

Luna llanera,

alba sábana de Venus.

Casi sin sueño.

(8)

Birds's thirst

spiritual water

in reticent backyards.

(8)

Sed de pájaros

agua espiritual

en retraídos traspatios.

(9)

Waning moon.

Dying slice

Isis earring.

(9)

Luna menguante.

Agonizante gajo

arete de Isis.

(10)

The air trims down

green pine strands

without disturbing its light.

(10)

Recorta el aire

hebras de pino verde

sin turbar su luz.

(11)

Captive night

violet scent. Girl

in love.

(11)

Noche cautiva

violeta aroma. Niña

enamorada.

(12)

Unleashed rain.

"Lonely soul's silence."

Discouragement.

(12)

Lluvia desatada.

"Silencio de una alma sola".

Desaliento.

(13)

The Gerasene

(God), proclaims Gospels.

Matthew preaches.

(13)

El Geraseno

(Dios), sentencia evangelios.

Mateo predica.

(14)

Magnanimous grape

from the winery to my table.

Sweet man.

(14)

Magnánima uva

del lagar a mi mesa.

Dulce varón.

(15)

Magnanimous grape

of reaped fruits I bite.

Sweet man.

(15)

Magnánima uva

de agostos frutos muerdo.

Dulce varón.

(16)

Amorous seeding.

Reverberant wheatfield.

Adolescence.

(16)

Siembra amorosa.

Trigal reverberante.

Adolescencia.

IN THE FIRE OF TIME

EN EL FUEGO DEL TIEMPO

DOLCE POISON

I went to meet you

crossing over the morning between a halo

of mist and rising sun,

uninhabited by mournings,

to its powers of ice and fire I cast out

          February's suffering voices.

There you were:

dolce poison in your eyes,

potion transfigured into sounds of clear water,

looseness of light, in silent *crescendos,*

in the middle of dreams, luggage on board, ready to

steer through the madness of corporeal blood festivals

with an appetite for renewed carnivals.

And confident of your love, I ventured into the glory

of knowing in your voice, how to call you when alone

of having on my lips, rare anthems of love

          when we meet.

DOLCE VENENO

Fui a tu encuentro

traspasando la mañana entre un halo

de bruma y sol naciente,

deshabitada de lutos,

arrojé a sus poderíos de hielo y fuego

        dolientes voces de febrero.

Allí estabas:

dolce veneno en tus ojos,

bebedizo transfigurado en sonidos de agua clara,

sueltos de luz, en mudos *crescendos,*

a mitad de los sueños, equipaje a bordo, pronto a

navegar desvaríos en las fiestas corpóreas de la sangre

con la apetencia de renovados carnavales.

Y cierta de tu amor, me aventuré a la gloria

de saber en tu voz, la forma de nombrarte a solas

de el haber en mis labios, raras antífonas de amor

        cuando nos vemos.

OUR TIME, OUR GARDEN

*Wet I wear the robe
and I am cold …*

Concha Urquiza.

My robe is wet,

smelling of peppermint;

in its frame, the beloved's absence

tastes like fasting drinks

of bitter white horehound.

His look is that of a sea surprised by light,

watches me, and warms the days of childhood

grown among green grass.

In your garden of the beloved woman

it springs from sullen stubble

the ancient rarity of your skin,

daily miracle of poetry,

sometimes it mercilessly hurts my lips

with needles of stinging nettle,

when, alive, I name you

without quickly reading a poem of love

that grieves me, not having you near.

NUESTRO TIEMPO, NUESTRO HUERTO

Húmedo llevo el manto
y tengo frío...

Concha Urquiza

Húmedo, oloroso a hierbabuena

es mi manto;

en su trama, la ausencia del amado

sabe a tragos en ayunas

de amargo marrubio blanco.

Mar sorprendida de luz, es su mirada,

me ve, y entibia la niñez de los días

crecida entre la hierba verde.

En tu huerto de mujer amada,

brota de huraños rastrojales

la antigua rareza de tu piel,

milagro de poesía a diario,

a veces, sin piedad hiere mis labios

con agujas punzantes de ortiga,

cuando viva te nombro

sin leer de prisa un poema de amor

que me conduele por no tenerte cerca.

I will not wait for the wind

to pluck the flights of peppermint on my veil,

June, dressed in rain,

will strip me of old fears,

open in leaves of words

I will go to your voice,

attire of water and amber sun.

I'll open up the pink stone

of your walled city,

where your eyes were born

saving our time

in the cathedral's silence,

and we went to meet them,

two creatures deeply in love;

in secret alliances we recovered the man,

he, in endless cravings

surrendered to our desires.

Since then

we both carry in our veins traces of his blood,

instead of red wine

No esperaré a que el viento

deshoje vuelos de hierbabuena en mi velo,

Junio, de lluvia vestido,

me despojará de antiguos miedos,

abiertos en frondas de palabras

iré por tu voz;

atuendos de agua libre y sol ambarino.

Franquearé la cantera rosa

de tu ciudad amurallada,

donde nacieron tus ojos

guardando nuestro tiempo

en el silencio de la catedral,

y fuimos a su encuentro

dos criaturas ávidas de amar;

en alianzas secretas recobramos al varón,

él, en ansias infinitas

se entregó a nuestros deseos.

Desde entonces

las dos llevamos en las venas rastros de su sangre,

en lugar de vino tinto

on the missal,

in intense secrecy, gotten from his delirium

we drank all his seminal nights,

distilled in drops of honey, from Hybla...

We drank his endlesness in our bodies.

Our master has been celebrated

without the painful eagerness to possess each other!

sobre el misal,

en sigilos intensos, tenidas de su delirio

bebimos todas sus noches seminales

destiladas en gotas de miel, del Hiblea…

Bebimos su eternidad en nuestros cuerpos.

¡Ha sido nuestro dueño festejado

sin el doloroso afán de poseernos!

SEA BALM

Oh, God Gerasene,
oh, how your story looks like mine..!

Concha Urquiza

Thank you, my beloved,

for putting on my lips

the mouthful of a lovely bread

seasoned with salt grains

gleaned from the ancient tide of the Sea of Galilee

in those hours when your breath

cast the Gerasene madness into the sea,

and fish regained their names on our dish.

You departed from my mansion on an early evening,

leaving a storm lying in the street.

It entered the shady night

with scent of lemon balm rain,

I urged the closing of the doors,

the turning off of the lamps

ripping off my clothes

to await your light spilled on my belly.

BÁLSAMO DE MAR

> *¡Oh, Dios geraseno,*
> *oh cómo tu historia parece la mía...!*
>
> Concha Urquiza

Gracias, amado mío,

por poner en mis labios

el bocado de un pan amable

aderezado con granos de sal

acarreados desde la marea antigua del mar de Galilea

en aquellas horas en que tu aliento

arrojó al mar la demencia del geraseno,

y los peces recobraron su nombre en nuestro plato.

De mi mansión partiste en temprano anochecer,

dejando una tormenta tendida en la calle.

Entró la noche umbría

de aroma a toronjil llovido,

urgí cerrar las puertas,

apagar las lámparas,

rasgar mis vestidos

a la espera de tu luz derramada en mi vientre.

Promptly from their graves the possessed God

of rarefied smell, lacking radiation,

overcome by the open insanity of life,

found in me a love untainted by sin.

With the image of his beloved girl

in the warmth of my skin, he fed my dreams

to kill the memory of his dead loves.

"Oh, God Gerasene…!" Nazarene, sweet and beautiful,

whom I allowed to caress me

with the white reflection of his fingers,

melancholic lilies

exiled from a monastery

of Franciscan preachers.

Oh, God Gerasene, so like me…!

I want no more than the grains of salt,

the sea balm you spread to my bindings,

and they become pleasure

when you go over my wounds with your lips.

Con prontitud desde sus sepulcros el poseso-Dios

de enrarecido olfato, falto de irradiación,

transido en la locura abierta a la vida,

buscó en mí el amor sin mácula de pecado.

Con el fantasma de su niña amada

en la tibieza de mi piel, alimentó mis sueños

para matar el recuerdo de sus amores muertos.

"¡Oh Dios Geraseno…!" Nazareno, dulce y bello,

que convine me acariciara

con el albo reflejo de sus dedos,

lirios melancólicos,

desterrados de un monasterio

de predicadores franciscanos.

¡Oh Dios Geraseno, tan parecido a mí…!

No quiero más que los granos de sal,

bálsamo de mar que untas a mis ataduras,

y se tornan placer

cuando recorres con tus labios mis heridas.

PRAYER DAYS

Your eyes, waters of forgetfulness...

Concha Urquiza.

Please drown, Lord of bounties,

into the desolate green of your eyes,

the countless losses of love

you didn't expect from the creature you shaped

in the spree of time.

Bitter comes to you, the Mar you love:

before you've left

your disappointment in the lumber,

forget you have given to her skin

in perfection,

the silk rested in the hollow of your hands.

Untimely and earthly,

wash out, unlike the ages of water,

all baptismal salt

DÍAS DE RUEGOS

Tus ojos, aguas de olvido…

Concha Urquiza.

Anega, Señor de bondades,

en el verde desértico de tus ojos,

las innúmeras pérdidas de amor

que no esperabas de la criatura que formaste

en el *parrandee* de los tiempos.

Amarga llega a ti, la Mar que amas:

olvida que antes de que dejaras

tu desaliento en los maderos,

le habéis dado a su piel

en perfección,

la seda reposada en el hueco de tus manos.

Inoportuna terrenal,

deslava, al revés de las edades del agua,

toda sal bautismal

from the men that walk to meet her.

In return for the stolen sacredness,

she gives them her womb's honey to drink.

And…sweet Jesus Christ

walked on the water —faith—

baptizing mortals.

Mar. Demiurge Mar. . . unsatisfied by wisdom

she split the ocean in two,

to recover her empty days

shaping with them, to her whim,

the will of her child loves;

(No bread for their appetites,

they live in sighs of thirst)

futures burn in the flame of her piercing gaze.

Unwelcome, she mixes insights in

"Your eyes, waters of forgetfulness. . ."

You watch her, unconfessed,

fitting to every day the sweet solitude of your parables

on her lips.

a los hombres que caminan a su encuentro.

A cambio de la santidad arrebatada,

les da a beber la miel de sus entrañas.

Y…el dulce Jesús

caminó sobre el agua —fe—

bautizando a los mortales.

Mar. Demiurga Mar… insatisfecha de sapiencia

partió el océano en dos,

para recobrar sus vacuos días

y con ellos, moldear a su capricho

la voluntad de sus amores-niños;

(sin pan a sus apetitos,

vivos en suspiros de sed),

arden futuros en la flama de su mirada.

Intrusa, mezcla discernimientos en

"Tus ojos, aguas de olvido…"

Le miras inconfesa,

acomodar cada día la dulce soledad de tus parábolas

en sus labios.

Whitout blame,

she takes a rest on your praise's seventh day.

Sin culpas habidas,

descansa en el séptimo día de tus alabanzas.

MONDAY INDULGENCES

And...the kingdom of God came to her mouth.

Concha Urquiza

To you...who have walked
from the divine to the profane.

Mar

The night of a Monday indulgence

opened the ebony and golden of canteen doors.

At the bar

we drank from the same glass

that was backlit; its broken edge

changed the liquor drops

into muddy water, dissolving love.

The cold silver of your eyes

scratched the charm of the black nets

on my arrogant legs.

Haughty, unable to withstand the pleasure of having me,

you softened on the rough silk of my bare feet

LUNES DE *PARRANDEE*

Y... el reino de Dios vino a su boca.

Concha Urquiza

Para usted…que ha caminado
de lo divino a lo profano.

Mar

La noche de un lunes de *parrandee*

abrió el ébano y dorado de puertas de cantina.

En la barra del bar

los dos bebimos de una misma copa

a contra luz; el borde roto

tornó las gotas de licor

en agua turbia deslavando el amor.

La argenta fría en tus ojos

arañó el encanto de las redes negras

en mis arrogantes piernas.

Fatuo, sin resistir el gozo de tenerme,

alisaste en la seda de mis pies desnudos,

the last crumbs of your ill-fated passion.

My steps in the pockets of your coat

walked to your profane drunkenness,

heatedly bitter,

and with the salty past

of a demonic lover,

I tore schemes from the New Testament:

in flight of the primal Bird-Eve,

I reignited the fire. I'm your Mar, Lord.

Lord, my hands surrounded your crotch,

with the taste of your Adamic regions,

my long hair burned in lurid shade.

And

grown in domains of golden clarity,

silent prayers,

it came to my mouth *the kingdom of God...*

Of Him, I was left with the sighs of today's God.

Between my licentious fingers, captive I have

the divine origin of the Nazarene who inhabits you.

las últimas migajas de tu pasión malograda.

Mis pasos en los bolsillos de tu saco

caminaron a tu ebriedad profana,

fogosamente amarga,

y con el salífero pasado

de endemoniada amante,

arranqué esquemas del Nuevo Testamento:

a vuelo del Ave-Eva primigenia,

reinicié el fuego. Soy tu Mar, Señor.

Señor, mis manos rodearon tu entrepierna,

con el sabor de tus adánicas regiones,

ardió en cárdena sombra mi larga cabellera.

Y

crecido en dominios de claridad áurea,

silencios ruegos,

vino a mi boca *el reino de Dios*...

De Él, me quedaron suspiros del Dios de hoy.

Entre mis dedos licenciosos, cautivo, tengo,

el génesis divino del Nazareno que te habita.

You tell me you're dead while alive,

and I, I'm alive enough to bite the death

of watching you going over and over to your otherness.

Bereaved, I squinted.

Why should I tear my clothes?

I do not own your hatreds.

To love,

for me, the astonishment of orgiastic Mondays is enough,

interweaving them out of air,

of delirious laughters, of my evenings, of me,

and let the ginger cat sun

lying at the foot of my ferns,

scratch your presence in feline gusts.

Me dices que estás muerto en vida

y yo, estoy viva hasta morder la muerte

de verte ir una y otra vez a tu otredad.

Dolida, entrecerré los ojos,

¿para qué desgarrar mis vestiduras?

No son míos tus odios.

Para amar,

bástame el asombro de los lunes de *parrandee,*

entretejerlos de aire,

de delirantes risas, de mis tardes, de mí,

y dejar que el sol gato barcino

echado al pie de mis helechos,

en ráfagas felinas rasguñe tu presencia.

THE CALL

> You know that we meet again
> at the praise of our bodies.
>
> Mar

My beloved

walked barefoot by sordid alleys

in search of me;

the soles of his feet drank the acidic water

of three thousand two hundred and sixteen Aprils,

delighted at the temple gates

of Asherah in Mount Zion

where I, Mar, *Juz*'s disciple,

on the eve of giving to lovers

my virgin being,

enjoyed licking *calebite* rites —dogs—

beautiful youngsters of Jerusalem,

sodomized in priesthood

by virtuous visitors.

EL LLAMADO

> Usted sabe que nos reencontramos
> en el *hosanna* de nuestros cuerpos.

Mar

Mi amado

transitó descalzo sórdidos callejones

en mi búsqueda;

las plantas de sus pies bebieron el agua ácida

de tres mil doscientos dieciséis abriles,

solazados a las puertas del Templo

de Asheráh, en el monte Sión,

donde yo, Mar, discípula de *Juz,*

a vísperas de ofrendar a los amantes

mi ser Virgen,

complacida relamía ritos *kelebites* —-perros--,

bellos efebos de Jerusalén,

en sacerdocio sodomizados

por virtuosos visitantes.

From my bedroom:

I heard him jiggle my door knocker;

with the knuckles of his right hand

he broke orgiastic cults,

nourished by the twenty nipples of Astarte.

Through the keyhole,

with pained voice and sorrowful effort

he sublimated his pleas

looking for the purification of my sins.

I diverted his call

without healing guilts as before.

My lover,

driven mad by the black tattoo of my eyes' dark circles,

filled my ears and lips

with the substances of his glans,

and with the praise of our bodies,

he consecrated me as Goddess

of Astarte's carnal pleasures.

Desde mi alcoba:

le oí tocar la aldaba de mi puerta;

con los nudillos de su mano diestra

rompía cultos orgiásticos,

nutridos en los veinte pezones de Astarté.

Por la ranura,

en dolorida voz y en pesaroso empeño

sublimó sus ruegos

buscando la purificación de mis pecados.

Distraje su llamado

sin sanar culpas como antaño.

Mi amante,

enloquecido en el tatuaje negro de mis ojeras,

con las sustancias de su bálano

hartaba mis oídos y mis labios,

y con la *hosanna* de nuestros cuerpos,

me consagró Diosa

en placeres carnales de Astarté.

Standing,

he waited in vain before my porch,

and walked away afflicted.

Soon, the dawn came

to hallow his day

with the purple robe of the beloved.

On my balcony

the dawn spills tears of storms,

the resurrected souls pass their Way of the Cross

leaving exhausted fasts

in the cracks of the orange bricks

of streets,

where they and I,

again and again, *in misericordes*,

with the insomniac wandering of our senses

packed with joyful voyeurisms,

filled crevices of lust.

The loved male at the head of my bed,

with the green algae of his pilgrim eyes

keeps the vigil of my dreams.

De pie,

ante mi pórtico esperó en vano,

marchóse afligido.

Pronto clarificó la aurora

santificando su día

en el manto púrpura del bien amado.

En mi balcón

la madrugada derrama el llanto de las tormentas,

las ánimas resucitadas transitan su vía-cruces

dejando agotados ayunos

en las grietas de ladrillos azarcón

de las calles,

donde una y otra vez,

ellas y yo, *in misericordes*,

con el insomne deambular de nuestros sentidos

cuajados de gozosos voyerismos,

llenamos resquicios de lujuria.

El amado varón en mi cabecera,

con el alga verde de sus ojos peregrinos

vela mis sueños.

IN THE FIRE OF TIME

> *Who could sleep in*
> *your eyes and wake up at your lips...*
>
> Concha Urquiza

My beloved:

With the wide brim of your hat,

shelter my dreams,

irradiated of flamboyant flowers.

Holding hands we'll walk

plotting reunions

along the old road of La Fuente,

and the Uruapan hours stopped

on the oaks' vegetable festoon

with flapping singing birds,

they'll warn us of farewells without itineraries

or emergency exits:

at bus stations,

train platforms,

carriages,

boats and airports.

EN EL FUEGO DEL TIEMPO

Quién se durmiera en
tus ojos y amaneciera en tus labios…

Concha Urquiza

Amado mío:

Con el ala ancha de tu sombrero,

abriga mis sueños

irradiados con las flores de framboyanes.

De la mano caminaremos

trazando reencuentros

al paso de la vieja calzada de La Fuente,

y las horas de Uruapan detenidas

en el festón vegetal de los fresnos

con aleteos de pájaros cantores,

nos avisarán adioses sin itinerarios

ni salidas de emergencia:

en estaciones de buses,

andenes de trenes,

carruajes,

barcas y aeropuertos.

I want to close my earthly cycle by your side,

measuring the night together while our flesh is crackling

in the fire of time,

feasting on your gaze of prayer —silences' dust—

not knowing of my joy

on falcon passions, long gone.

Sleeping in your eyes, was to wake up every day

in the silvery and ashy

color you contemplate me,

miraculous relief by a Prodigious*

to my scandalous utopias

of rechristening myself with the cum

of those sanctified in our Christian era.

It will burn in the embodied flame of my red lips

the resurrection of your name,

clear finitude of our lives

in saecula saeculorum.

THE END

*A healing plant of Mexican herbalism.

Quiero cerrar mi ciclo telúrico a tu lado,

juntos medir la noche al crepitar de nuestra carne

en el fuego del tiempo,

festejar tu mirada de oración –polvo de silencios–

sin saber de mi alegría

en amores cernícalos, ya idos.

Dormir en tus ojos, fue despertar a diario

en el plata-cenizo

color con el que me contemplas,

alivio milagroso de una Prodigiosa*

a mis utopías escandalosas

de rebautizarme toda con el semen

de los santificados en nuestra era cristiana.   .

Arderá en la flama encarnada de mis labios rojos

la resurrección de tu nombre,

clara finitud de nuestras vidas

in saecula saeculorum.

FIN

*Planta curativa de la herbolaria mexicana.

María Ángeles Juárez Téllez
"Living Treasure of Michoacán"

María Ángeles Juárez Téllez (Michoacán, México), studied Hispanic Languages and Literature at the Faculty of Philosophy and Letters of the UNAM.

From 1984 to 1986 she was literary assistant to the Mexican story writer Juan de la Cabada.

Some of her work has been translated into German and English.

She is currently collaborating on, and is a representative in Mexico City of *Letra Franca* magazine, directed by Leopoldo González Quintana and edited in Morelia, Michoacán.

She is included at the National Register of Cinema and Writers of Morelia, Michoacán, México. Link: www.registrodeescritores.com

Some of her poems are included in the bilingual anthology *De Neza York a Nueva York / From Neza York to New York* (Brotherhood of Coyotes Publishers), México, 2015. On April 25th, 2016, she read her selection from this anthology along with other writers from Mexico City and New York City at the Octavio Paz Gallery in the Consulate General of Mexico in New York.

Among her publications are: *Out of the dungeon*—collective—(UNAM), México, 1989; *Ariadne calligraphies*—collective— (UNAM), México, 1989; *Beneath the sunflowers* (La Máquina Eléctrica Editorial), México, 1989; *Things I left in the distance / memories of Juan de la Cabada* (UNAM), México, 2003; the preface to *The mask and other stories*, a posthumous work of Juan de la Cabada (Campeche State Government-Universidad Veracruzana), México, 2008; and *On naïve enjoyments* (Autonomous University of Chapingo, UACh), México, 2009 and 2015 (reprint).

Contact:

Calle de Donceles No.67-101
Col. Centro
Delegación Cuauhtémoc
Ciudad de México,
México
C.P. 06010

Ph.+52 (55) 5518-3673
Cell +52 1 (55) 2732-1617
mariaangelesjuarez@hotmail.com

María Ángeles Juárez Téllez
"Tesoro vivo de Michoacán"

María Ángeles Juárez Téllez (Michoacán, México), estudió Lenguas y Literaturas Hispánicas en la Facultad de Filosofía y Letras de la UNAM.

De 1984 a 1986 fue colaboradora del cuentista mexicano Juan de la Cabada.

Algunas de sus obras han sido traducidas al alemán y al inglés.

Actualmente es colaboradora y representante en la Ciudad de México de la revista *Letra Franca* de Morelia, Michoacán, México, que dirige Leopoldo González Quintana.

Forma parte del Registro Nacional de Cine y Escritores de Morelia, Michoacán, México. Portal: www.registrodeescritores.com

Algunos poemas suyos están incluidos en la antología bilingüe *De Neza York a Nueva York/ From Neza York to New York,* (Editorial Cofradía de Coyotes, México, 2015). Esta última antología fue presentada por ella y varios escritores de las ciudades de Nueva York y México en la Galería Octavio Paz del Consulado General de México en NuevaYork el 25 de abril de 2016.

Entre sus publicaciones se encuentran: *Fuera del calabozo* —colectivo—, (UNAM), México, 1989; *Caligrafías de Ariadna* —colectivo—, (UNAM), México, 1989; *Bajo los girasoles* (La Máquina Eléctrica Editorial), México, 1989; *Cosas que dejé en la lejanía / memorias de Juan de la Cabada* (UNAM), México, 2003; prólogo a la Edición Comentada de *La máscara y otros relatos,* obra póstuma de Juan de la Cabada (Gobierno del Estado de Campeche-Universidad Veracruzana), México, 2008; y *De cándidos recreos* (Universidad Autónoma de Chapingo, UACh), México, 2009, y reimpreso en 2015.

Enlace:

Calle de Donceles No.67-101
Col. Centro
Delegación Cuauhtémoc
Ciudad de México,
México
C.P. 06010

Tel.+52 (55) 5518-3673
Cel.+52 1 (55) 2732-1617
mariaangelesjuarez@hotmail.com

www.ingramcontent.com/pod-product-compliance
Lightning Source LLC
Chambersburg PA
CBHW032119040426
42449CB00005B/192